Editorische Notiz:
Das erste Panama-Buch *Oh, wie schön ist Panama* erschien vor 25 Jahren bei
Beltz & Gelberg. Es wurde mit dem Deutschen Jugendliteraturpreis ausgezeichnet.
In dem Band *Ach, so schön ist Panama* sind zum ersten Mal alle sechs Tiger
und Bär-Geschichten versammelt.

Janosch

Ach, so schön ist Panama

*Alle Tiger und Bär-Geschichten
in einem Band*

BELTZ
& Gelberg

www.beltz.de
© 2003 Beltz & Gelberg
in der Verlagsgruppe Beltz • Weinheim Basel Berlin
Oh, wie schön ist Panama © 1978 Beltz & Gelberg
Komm, wir finden einen Schatz © 1979 Beltz & Gelberg
Post für den Tiger © 1980 Beltz & Gelberg
Ich mach dich gesund, sagte der Bär (erstmals 1985 Diogenes Verlag)
© 2003 Beltz & Gelberg
Guten Tag, kleines Schweinchen (erstmals 1987 Diogenes Verlag)
© 2003 Beltz & Gelberg
Riesenparty für den Tiger (erstmals 1989 Diogenes Verlag)
© 2003 Beltz & Gelberg
Die drei früheren Diogenes-Titel erscheinen auf Grund einer
Vereinbarung mit der Janosch Film + Medien AG, Berlin
Alle Rechte vorbehalten
Neue Rechtschreibung
Einbandgestaltung: Janosch
Gesamtherstellung: Druckhaus Beltz, Hemsbach
Printed in Germany
ISBN 3 407 79868 7
1 2 3 4 5   07 06 05 04 03

Oh, wie schön ist Panama

Die Geschichte,
wie der kleine Tiger und der kleine Bär
nach Panama reisen

Es waren einmal ein kleiner Bär und ein
kleiner Tiger, die lebten unten am
Fluss.
Dort, wo der Rauch aufsteigt, neben
dem großen Baum.
Und sie hatten auch ein Boot.

Sie wohnten in einem kleinen,
gemütlichen Haus mit Schornstein.
»Uns geht es gut«, sagte der
kleine Tiger, »denn wir haben alles,
was das Herz begehrt, und wir
brauchen uns vor nichts zu fürchten.
Weil wir nämlich auch noch stark sind.
Ist das wahr, Bär?«
»Jawohl«, sagte der kleine Bär,
»ich bin stark wie ein Bär und du bist
stark wie ein Tiger.
Das reicht.«

Der kleine Bär ging jeden Tag mit der
Angel fischen und der

kleine Tiger ging in den Wald Pilze
finden.

Der kleine Bär kochte jeden Tag
das Essen; denn er war ein guter Koch.

»Möchten Sie den Fisch lieber
mit Salz und Pfeffer, Herr Tiger,
oder besser mit Zitrone und
Zwiebel?«
»Alles zusammen«, sagte der
kleine Tiger, »und zwar die größte
Portion.«
Als Nachspeise aßen sie
geschmorte Pilze und dann
Waldbeerenkompott und Honig.
Sie hatten wirklich ein schönes
Leben dort unten in dem kleinen,
gemütlichen Haus am Fluss …

Aber eines Tages schwamm auf dem
Fluss eine Kiste vorbei.
Der kleine Bär fischte die Kiste aus
dem Wasser, schnupperte und
sagte:
»Oooh … Bananen.«

Die Kiste roch nämlich nach
Bananen. Und was stand auf der
Kiste geschrieben?
»Pa-na-ma«, las der kleine Bär.
»Die Kiste kommt aus Panama und
Panama riecht nach Bananen.
Oh, Panama ist das Land meiner
Träume«, sagte der kleine Bär.
Er lief nach Hause und erzählte dem
kleinen Tiger bis spät in die Nacht
hinein von Panama.

»In Panama«, sagte er, »ist alles viel schöner, weißt du. Denn Panama riecht von oben bis unten nach Bananen. Panama ist das Land unserer Träume, Tiger. Wir müssen sofort morgen nach Panama, was sagst *du*, Tiger?«

»Sofort morgen«, sagte der kleine Tiger, »denn wir brauchen uns doch vor nichts zu fürchten, Bär. Aber meine Tiger-Ente muss auch mit.«

Am nächsten Morgen standen sie noch viel früher auf als sonst.

»Wenn man den Weg nicht weiß«, sagte der kleine Bär, »braucht man zuerst einen Wegweiser.«

Deshalb baute er aus der Kiste einen Wegweiser.

»Und wir müssen meine Angel
mitnehmen«, sagte der kleine Bär,
»denn wer eine Angel hat, hat auch
immer Fische. Und wer Fische hat,
braucht nicht zu verhungern …«
»Und wer nicht zu verhungern
braucht«, sagte der kleine Tiger, »der
braucht sich auch vor nichts zu
fürchten. Nicht wahr, Bär?«
Dann nahm der kleine Tiger noch
den roten Topf.

»Damit du mir jeden Tag etwas
Gutes kochen kannst, Bär. Mir schmeckt
doch alles so gut, was du kochst.
Hmmmm…«
Der kleine Bär nahm noch seinen
schwarzen Hut und dann gingen sie los.
Dem Wegweiser nach. Am Fluss entlang in
die eine Richtung …

21

He, kleiner Bär und kleiner Tiger!
Seht ihr nicht die Flaschenpost auf dem
Fluss? Auf dem Zettel könnte eine
geheime Botschaft über einen
Seeräuberschatz stehen …
Zu spät.
Ist schon vorbeigeschwommen.

»Hallo Maus«, sagte der kleine Bär,
»wir gehen nach Panama. Panama ist
das Land unserer Träume. Dort ist alles
ganz anders und viel größer …«
»Größer als unser Mauseloch?«, fragte
die Maus. »Das kann nicht sein.«

Ach, was wissen Mäuse denn von
Panama?
Nichts, nichts und wieder nichts.

Sie kamen beim alten Fuchs vorbei,
der gerade mit einer Gans seinen
Geburtstag feiern wollte.
»Wo geht's denn hier nach Panama?«,
fragte der kleine Bär.
»Nach links«, sagte der Fuchs ohne
lange zu überlegen, denn er wollte nicht
gestört werden.
Nach links war aber falsch.
Sie hätten ihn besser nicht fragen
sollen.

Dann trafen sie eine Kuh.
»Wo geht's denn hier nach Panama?«,
fragte der kleine Bär.
»Nach links«, sagte die Kuh, »denn
rechts wohnt der Bauer, und wo
der Bauer wohnt, kann nicht
Panama sein.«
Das war wieder falsch; denn wenn
man immer nach links geht, wo kommt
man dann hin?
– Richtig! Nämlich dort, wo man
hergekommen ist.
Bald fing es auch noch an zu regnen
und das Wasser tropfte vom Himmel
und tropfte und tropfte und tropfte …

»Wenn bloß meine Tiger-Ente nicht
nass wird«, sagte der kleine Tiger, »dann
fürchte ich mich vor nichts.«
Wo habt ihr denn euern schönen
Regenschirm, kleiner Bär und
kleiner Tiger? – Hängt zu Haus an der
Tür. Ja, ja!

Abends baute der kleine Bär aus zwei
Blechtonnen eine Regenhütte. Sie
zündeten ein Feuer an und wärmten sich.
»Wie gut«, sagte der kleine Tiger, »wenn
man einen Freund hat, der eine
Regenhütte bauen kann. Dann braucht
man sich vor nichts zu fürchten.«

Als der Regen vorbei war, gingen
sie weiter.
Sie bekamen auch bald Hunger und der
Bär sagte:
»Ich habe eine Angel, ich gehe
fischen. Warte du so lange unter
dem großen Baum und zünde schon ein
kleines Feuer an, Tiger, damit wir die
Fische braten können!«
Aber da war kein Fluss und wo kein
Fluss ist, ist auch kein Fisch.
Und wo kein Fisch ist, nützt dir auch
eine Angel nichts.

Wie gut, dass der kleine Tiger Pilze
finden konnte, sonst wären sie wohl
verhungert.
»Wenn man einen Freund hat«, sagte
der kleine Bär, »der Pilze finden kann,
braucht man sich vor nichts zu
fürchten. Nicht wahr, Tiger?«

Sie trafen bald zwei Leute, einen
Hasen und einen Igel, die trugen ihre
Ernte nach Hause.

»Kommt mit zu uns nach Haus«, sagten
die beiden, »ihr könnt bei uns
übernachten. Wir freuen uns über jeden
Besuch, der uns etwas erzählen kann.«

Der kleine Bär und der kleine Tiger
durften auf dem gemütlichen Sofa sitzen.
»So ein Sofa«, sagte der kleine Tiger,
»ist das Allerschönste auf der Welt. Wir
kaufen uns in Panama auch so ein Sofa,
dann haben wir *wirklich* alles, was das
Herz begehrt. Ja?«

»Ja«, sagte der kleine Bär.
Und dann erzählte der kleine Bär den
beiden Leuten den ganzen Abend
von Panama.
»Panama«, sagte er, »ist unser
Traumland, denn Panama riecht von
oben bis unten nach Bananen.
Nicht wahr, Tiger?«
»Wir waren noch nie weiter als bis
zum anderen Ende unseres Feldes«, sagte
der Hase. »Unser Feld war bis heute
auch immer unser Traumland, weil dort
das Getreide wächst, von dem wir
leben. Aber jetzt heißt unser Traumland
Panama. Ooh, wie schön ist Panama,
nicht wahr, Igel?«

Der kleine Bär und der kleine Tiger
durften auf dem schönen Sofa schlafen.
In dieser Nacht träumten alle vier
von Panama.

Einmal trafen sie eine Krähe.

»Vögel sind nicht dumm«, sagte der kleine Bär und er fragte die Krähe nach dem Weg.

»Welchen Weg?«, fragte die Krähe. »Es gibt hundert und tausend Wege.«

»In unser Traumland«, sagte der kleine Bär. »Dort ist alles ganz anders. Viel schöner und so groß …«

»Das Land kann ich euch wohl zeigen«, sagte die Krähe, denn Vögel wissen alles. »Dann fliegt mir mal nach. Hupp …!«

Und sie schwang sich auf den
untersten Ast des großen Baumes.
Flog höher und höher.
Die beiden konnten nicht fliegen,
nur klettern.
»Lass mich bloß nicht los, Bär!«,
rief der kleine Tiger, »sonst
bricht sich meine Tiger-Ente ein
Rad …«
»Das da«, sagte die Krähe, »ist es.«

Und sie zeigte mit dem Flügel ringsherum.
»Oooh«, rief der kleine Tiger, »ist daaaas
schön! Nicht wahr, Bär?«

»Viel schöner als alles, was ich in meinem ganzen Leben gesehen habe«, sagte der kleine Bär.

Was sie sahen, war aber gar nichts
anderes als das Land und der Fluss, wo sie
immer gewohnt hatten. Hinten, zwischen
den Bäumen, ist ja das kleine Haus.
Nur hatten sie das Land noch nie von
oben gesehen.
»Ooh, das ist ja Panama …«,
sagte der kleine Tiger. »Komm, wir
müssen sofort weiter, wir müssen
zu dem Fluss.
Dort bauen wir uns ein kleines,
gemütliches Haus mit Schornstein.
Wir brauchen uns doch vor nichts
zu fürchten, Bär.«
Und sie kletterten von dem Baum
und kamen bald zum Fluss.

Wo habt ihr denn euer Boot, kleiner Bär
und kleiner Tiger? – Liegt bei eurem
kleinen Haus am Fluss.

»Such du schon mal Bretter und Holz«,
sagte der kleine Bär.
Und dann baute er ein Floß.

»Wie gut«, sagte der kleine Tiger, »wenn
man einen Freund hat, der ein Floß bauen
kann. Dann braucht man sich vor nichts
zu fürchten.«

Sie zogen das Floß in den Fluss und
schwammen damit auf die andere Seite.

»Vorsichtig, Bär«, sagte der kleine Tiger,
»dass meine Tiger-Ente nicht umkippt.
Sie kann nämlich nicht gut
schwimmen.«
Auf der anderen Seite gingen sie am
Fluss entlang und der kleine Bär sagte:
»Du kannst ruhig immer hinter mir her
gehen, denn ich weiß den Weg.«

»Dann brauchen« wir uns vor nichts
zu fürchten«, sagte der kleine Tiger
und sie gingen so lange, bis sie zu
einer kleinen Brücke kamen.

Die kleine Brücke hatte früher einmal der kleine Bär gebaut; sie waren nämlich schon bald bei den Sträuchern, wo ihr Haus stand. Aber sie erkannten die Brücke nicht, denn der Fluss hatte sie mit der Zeit etwas zerstört.

»Wir müssen die Brücke reparieren«, sagte der kleine Tiger, »heb du das Brett von unten und ich heb das Brett von oben. Aber pass auf, dass meine Tiger-Ente nicht ins Wasser rollt.«

He, kleiner Bär und kleiner Tiger! Da schwimmt ja schon wieder eine Flaschenpost im Fluss. Auf dem Zettel könnte eine geheime Botschaft stehen.

Interessiert ihr euch denn nicht für einen
echten Seeräuberschatz im Mittelmeer?
Zu spät, Flaschenpost ist
vorbeigeschwommen.

Auf der anderen Seite des Flusses fanden
sie einen Wegweiser.
Er lag umgekippt im Gras.
»Was siehst du da, Tiger?«
»Wo denn?«
»Na hier!«
»Einen Wegweiser.«
»Und was steht darauf geschrieben?«
»Nichts, ich kann doch nicht lesen.«
»Pa…«
»Paraguai.«
»Falsch.«
»Pantoffel.«

»Nein, du Dummkopf. Pa-na-ma. Panama.
Tiger, wir sind in Panama! Im Land unserer
Träume, oooh – komm her, wir tanzen vor
Freude.«

Und sie tanzten vor Freude hin und her
und ringsherum.

Aber du weißt schon, was das für ein
Wegweiser war. Na? Genau.

Und als sie noch ein kleines Stück
weitergingen, kamen sie zu einem
verfallenen Haus mit Schornstein.

»O Tiger«, rief der kleine Bär, »was sehen
denn da unsere scharfen Augen, sag!«
»Ein Haus, Bär. Ein wunderbar,
wundervoll schönes Haus. Mit Schornstein.
Das schönste Haus der Welt, Bär. Da
könnten wir doch wohnen.«
»Wie still und gemütlich es hier ist, Tiger«,
rief der kleine Bär, »lausch doch mal!«
Der Wind und der Regen hatten ihr altes
Haus ein bisschen verwittern lassen, so
dass sie es nicht wieder erkannten. Die
Bäume und Sträucher waren höher
gewachsen, alles war etwas größer
geworden.
»Hier ist alles viel größer, Bär«, rief der
kleine Tiger, »Panama ist so wunderbar,
wundervoll schön, nicht wahr?«
Sie fingen an, das Haus zu reparieren. Der
kleine Bär baute ein Dach und einen Tisch
und zwei Stühle und zwei Betten.
»Ich brauche zuerst einen Schaukelstuhl«,
sagte der kleine Tiger, »sonst kann ich mich
nicht schaukeln.«

Und er baute einen Schaukelstuhl.
Dann pflanzten sie im Garten Pflanzen
und bald war es wieder so schön wie früher.
Der kleine Bär ging fischen, der kleine
Tiger ging Pilze finden. Nur war es jetzt
noch schöner; denn sie kauften sich ein
Sofa aus Plüsch und ganz weich. Das kleine
Haus bei den Sträuchern kam ihnen jetzt so
schön vor wie kein Platz auf der Welt.
»O Tiger«, sagte jeden Tag der kleine Bär,
»wie gut es ist, dass wir Panama gefunden
haben, nicht wahr?«

»Ja«, sagte der kleine Tiger, »das Land unserer Träume. Da brauchen wir nie, nie wieder wegzugehen.«

Du meinst, dann hätten sie doch gleich zu Hause bleiben können?
Du meinst, dann hätten sie sich den weiten Weg gespart?
O nein, denn sie hätten den Fuchs nicht getroffen und die Krähe nicht. Und sie hätten den Hasen und den Igel nicht getroffen und sie hätten nie erfahren, wie gemütlich so ein schönes, weiches Sofa aus Plüsch ist.

Komm, wir finden einen Schatz

*Die Geschichte, wie der kleine Bär
und der kleine Tiger
das Glück der Erde suchen*

Einmal hatte der kleine Bär den ganzen Tag
im Fluss geangelt, aber er hatte keinen
einzigen Fisch gefangen.
Leerer Eimer, müde Knochen und kein
Braten im Topf. Da wird sein Freund, der
kleine Tiger, aber Hunger haben.

»Heute gibt es keinen Fisch, Tiger«, sagte der
kleine Bär, »denn ich habe keinen gefangen.«
Dann kochte er Blumenkohl aus dem Garten.

Mit Kartoffeln, Salz und etwas Butter dazu.

»Weißt du, was das größte Glück der Erde wäre?«, sagte der kleine Tiger. »Reichtum. Dann hättest du mir heute zwei Forellen kaufen können. Forellen sind nämlich meine Leib- und Königsspeise. Hmm…«

»Oh, ja, Forellen«, rief der kleine Bär, denn Forellen waren sein Anglertraum. Aber er hatte noch nie eine erwischt, weil Forellen nicht dumm sind. Lassen sich nicht so leicht fangen.

»Mit Dill und Mandeln in guter Butter gebraten, du«, rief der kleine Tiger und sprang vor Freude in der Stube herum.

»Und als Nachspeise«, sagte der kleine Bär, »Bienenstichkuchen.«

»Oh, Bie-nen-stich-kuchen«, quietschte der kleine Tiger. »Da flimmert es mir ja schon auf der Zunge, wenn ich das nur höre …«

»Und morgen«, sagte der kleine Bär, »würde ich mir dringend sofort ein Schlauchboot kaufen müssen. Weil ich das nämlich brauche.«

»Nein, nein«, rief der kleine Tiger. »Zuallererst brauche ich eine Hollywoodschaukel.

Und zwar, weil mein Schaukelstuhl immer so quietscht, das halte ich nicht mehr aus, du, ist ehrlich wahr. Ich werd noch verrückt davon.«
Und dann wollte der kleine Tiger noch eine Rennfahrermütze mit Schnalle. Und eine rote Lampe über dem Bett, und Pelzstiefel.
»Und wir lassen uns raffinierte Sommeranzüge nähen«, sagte der kleine Bär, »und gehen auf den Jägerball tanzen. Einen flotten Tango auf das Parkett legen, oh, ja, Tiger, das wär was …«
»Komm«, sagte der kleine Tiger, »wir finden einen Schatz!«
Am nächsten Tag ging der kleine Tiger in den Wald, Pilze sammeln. Die haben sie auf dem Markt verkauft. Für das Geld haben sie ein festes Seil und eine neue Schaufel und zwei Eimer gekauft; denn das braucht man zum Schatzgraben.

Erste Schaufel – Erde. Zweite Schaufel –
Erde. Einen Meter tief, das Loch. Sieben
Meter tief, das Loch, und immer noch keine
Kiste mit Gold und Geld.

Dabei haben sie den glücklichen Maulwurf
geweckt. Er hatte dort geschlafen und er
kam, klopfte an den Sandhaufen und rief:
»Gräbt da vielleicht jemand in der tiefen
Erde, hallo?«
Er konnte nämlich nicht sehen. War blind auf
den Augen. Denn er wohnte meist unter
der Erde, wo niemals Licht hinkam.

Und wo kein Licht hinkommt, verlernt man auch das Sehen.

»Ja, ja«, sagte der kleine Tiger. »Unten gräbt der Bär und ich bin hier oben. Wir suchen nämlich das größte Glück der Erde, weißt du.«

»Ach, das größte Glück der Erde«, rief der Maulwurf, »das kenne ich. Das ist nicht da unten. Das ist nämlich, wenn man gut hören kann. Ich kann gut hören. Hört ihr den Zaunkönig, Freunde, wie er singt? Ist das nicht schön, was?«

»Nein, nein«, rief der kleine Tiger, »wir suchen eine Kiste mit Gold und Geld.«

»Ach das«, sagte der glückliche Maulwurf. »Das ist auch nicht da unten. Ich kenne die Erde hier unter der Erde so gut wie meine Hosentasche. Auf dieser Seite vom Fluss ist keine Kiste unter der Erde.«

Da hörten die beiden dort auf zu graben und ruderten mit ihrem Boot über den Fluss. »Weiter rechts musst du steuern«, ruft der kleine Tiger, »sonst laufen wir auf eine Sandbank auf.«

»Weißt du, an was ich jetzt denke, Tiger?«, fragt der kleine Bär. »An schöne Lackschuhe. Ich könnte mir zu meinem Sommeranzug schöne Lackschuhe kaufen. Mit weißen Schnürsenkeln. Wäre das schön, du?«

»He, kleiner Bär und kleiner Tiger!«, ruft der Fisch im Wasser, »da schwimmt eine Flaschenpost. In der Flasche ist ein Zettel. Auf dem Zettel ist eine Landkarte und auf der Landkarte ist eine Insel mit einer See-räuberhöhle. Dort liegt ein Seeräuberschatz, den könnt ihr euch holen. Fangt die Flasche, na, fangt schon die Flasche, schnell!«
Zu spät. Flasche vorbeigeschwommen, futsch der Reichtum.
»Ja, ja«, sagt der Fisch, »so schnell schwimmt das Glück vorbei, ihr kleinen Dummköpfe. Weil ihr nicht zuhört, was ich sage.«

Auf der anderen Seite vom Fluss fing jetzt der kleine Tiger an zu graben. Einmal der Bär und einmal der Tiger.

Erste Schaufel Erde. Zweite Schaufel Erde. Bei der fünften Schaufel Erde kam der Löwe mit der blauen Hose.

»Was macht ihr denn da, Jungs?«, fragte er.

»Wir finden hier einen Schatz«, sagte der kleine Tiger. »Sollen wir dir mal sagen, was das größte Glück der Erde ist?«

»Das weiß ich allein«, sagte der Löwe mit der blauen Hose. »Nämlich Kraft und Mut. Soll ich mal mutig brüllen, ja?«

Und dann brüllte er so laut, dass im großen, wilden Wald nach drei Stunden die Blätter an den Bäumen noch zitterten wie Espenlaub. Vom Luftdruck.

»Nein, nein«, rief der kleine Bär. »Wir suchen einen Schatz. Eine Kiste mit Geld und Gold.«

»Ach das«, brummte der Löwe mit der
blauen Hose. »Das gibt es hier nicht. Hier,
vor dem großen, wilden Wald kenne ich
alles. Das gibt es hier nicht.«
Da hörten sie dort auf zu graben und

gingen durch den großen, wilden Wald.

Fünf Stunden zu Fuß. Sie haben sich sehr
gefürchtet.
Hast du deine Angel nicht vergessen,
kleiner Bär?
»Nein, nein«, sagt der kleine Bär, »weil ich
sie immer und überall dabei habe, wo ich
geh und steh.«
Na, dann ist es gut.
Auf der anderen Seite vom großen, wilden
Wald fing der kleine Bär wieder an zu
graben. Einmal der Bär und einmal der Tiger.

»Ogottogottogottoktok…«, gackerte das
verrückte Huhn, »was macht denn iiihr da,
Kinder?«
»Wir finden hier einen Schatz«, sagte der
kleine Bär. »Geld.«

»Geld, Geld«, gackerte das verrückte Huhn,
»Geld liegt doch nicht in der Erde. Mein
Bauer sagt immer, das Geld liegt auf der
Straße. Und mein Bauer ist wirklich nicht
dumm, sonst hätte er nicht so schöne Hühner
wie mich. Oder was? Wie findet ihr denn
meinen tollen Huuut? Ist der nicht verrückt?«
Und flatterte davon.

»Auf der Straße?«, sagte der kleine Tiger.

»Komm, dann gehen wir auf die Straße,
da brauchen wir nicht so schwer zu graben.«
Auf der Straße trafen sie den Reiseesel
Mallorca.
»Na, wo soll's denn hingehen, ihr zwei
kleinen Tierchen?«
»Wir suchen das größte Glück der Erde«,
sagte der kleine Tiger.
»Oh, da habt ihr aber Glück«, sagte der
Reiseesel Mallorca. »Denn das suche ich

auch. Und ich weiß, wo's liegt. Es liegt
in der Ferne. Da könnt ihr gleich
mitkommen, ich bin nämlich auf dem Weg
dorthin.«
Unterwegs taten dem kleinen Bären die
Füße weh. Vom Laufen.
»Tragen Sie uns doch ein Stück«, sagte
er zum Reiseesel Mallorca. »Esel müssen
Kinder tragen und wir sind doch noch
Kinder. Nicht wahr, Tiger?«

Dann sind sie über das Meer gefahren.

Als sie an Land gingen, nahm der Reiseesel
Mallorca sofort wieder seine Koffer und
reiste weiter. Denn die Ferne ist niemals
dort, wo man sich befindet.

»Weißt du was«, sagte der kleine Bär, »wir
suchen den Schatz im Meer. Versunkene See-
räuberschätze liegen immer unten im Meer.«

Der kleine Bär ging Fische fangen. Die haben sie auf dem Fischmarkt verkauft. Für das Geld bekamen sie zwei Taucherhelme und Sauerstoffgeräte. Zum Tauchen.

Aber sie haben dort auch keinen Schatz
gefunden. Keine Kiste, kein Gold und kein
Geld.
Und als sie wieder aus dem Meer kamen,
lachte der dicke Mann mit dem Motorboot
am Seil:
»Na, Kinder! Ihr habt da unten wohl einen
Schatz gesucht, was?«
»Ja«, sagte der kleine Bär, »weil der Tiger
und ich, wir brauchen nämlich …«

»Haha, da könnt ihr lange suchen, Jungs«,
lachte der dicke Mann mit dem Motorboot,
»da findet ihr keine tote Muschel mehr.
Da haben wir schon alles abgegrast.
Ihr kleinen Pechvögel …«

Oje, die Welt war auf einmal so leer und das
Fluss so weit weg …

Meer so kalt und tief. Und das kleine Haus am

Und wäre nicht der große Vogel Kranich
gekommen und hätte er sie nicht über das
Meer getragen, sie wären wohl jämmerlich
für immer und ewig gestorben.

»Warum gehst du denn so krumm, Tiger?«,
fragt der kleine Bär.
»Weil ich so unglücklich bin«, sagte der
kleine Tiger. »Weil wir keinen Schatz
gefunden haben.«

»Dann steig auf«, sagte der kleine Bär, »ich
trag dich ein Stückel.«

»Warum gehst du so krumm?«, fragt der
kleine Tiger.
»Weil du so schwer bist«, sagte der kleine Bär.
»Dann bleib mal stehen, jetzt trag ich dich
ein Stückel.«
Dann trug wieder der Bär den Tiger und
dann wieder der Tiger den kleinen Bären.
Jeder einmal, bis es Abend wurde.

In der Nacht schliefen sie unter einem
großen Baum; denn sie waren müde von
dem weiten Weg.

Als sie am nächsten Morgen aufwachten,
sahen sie, dass sie unter dem Baum mit den
goldenen Äpfeln geschlafen hatten.
So ein Glück.

»Ja, ja«, sagte der alte Uhu, der aber auch
ein Baum war, »so ist das. Da laufen sie über
die ganze Erde und suchen das Gold unten.
Und wo finden sie es dann? Oben. Alles ist
meistens anders, als man denkt. Nämlich
genau umgekehrt.«

Der kleine Tiger flocht sofort zwei Körbe.
Der kleine Bär kletterte sofort auf den
großen Baum. Sie haben die Körbe voll mit
goldenen Äpfeln gefüllt. Bis ganz oben hin.
Sehr schwer zu tragen.

»Ich gehe schon ganz krumm«, sagte der
kleine Tiger, »weil mein Korb so schwer ist.
Könntest du mich bitte wieder ein Stückel
tragen?«

Aber das ging nicht, denn der kleine Bär
trug ja schon einen Korb.
Man kann nur eines tragen: seinen Korb mit
Gold oder seinen besten Freund.

»Weißt du«, sagte der kleine Bär, »wir tauschen in der Stadt das Gold gegen Geld. Geld ist aus Papier und viel leichter zu tragen. Und wir sind genauso reich.«

In der Stadt gingen sie auf die Bank. Dort war ein freundlicher Mann, der zählte die Goldäpfel und sagte: »Achthundert. Genau achthundert. Achthundert ist das Doppelte von vierhundert. Da bekommen Sie vierhundert.«

»Oh, das Doppelte«, rief der kleine Tiger, »wir haben ab jetzt immer Glück, Bär, siehst du. Jetzt haben wir genau das Doppelte. Ist das nicht schön, du?«
Das Geld war nicht schwer. Es war nicht mehr als eine Tasche voll, die konnten sie zusammen tragen und hatten jeder noch eine Hand frei zum Beeren pflücken.

Neben einem Wald kam ihnen ein Mann entgegen. »Ich bin ein Beamter des Königs«, sagte er. »Und wie man gehört hat, habt ihr Geld. Die Hälfte von allem Geld gehört immer dem König. Das ist Gesetz. Dafür schützt der König euch vor dem Räuber Hablitzel und sorgt sich um euch in der Not.« Sie mussten die Hälfte abgeben und der Mann lief schnell einmal um den Wald herum und kam ihnen von vorn wieder entgegen. »Ah, wir kennen uns«, sagte er freundlich. »Ihr habt Geld, wie wir schon wissen. Und die Hälfte vom Geld gehört immer dem König, genauso lautet das Gesetz. Dafür schützt er euch vor dem Räuber Hablitzel und so weiter.«

Das machte er dreimal. Und wie viel blieb ihnen dann noch? Na? Wer kann rechnen? Jawohl, genau … *(Du darfst die Zahl mit Bleistift da oben hinschreiben.)*

»Schade«, sagte der kleine Tiger, »dein Anteil ist jetzt futsch, Bär.«

»*Mein Anteil*«, rief der kleine Bär. »Wieso *mein* Anteil? *Dein* Anteil, du frecher Lümmel.«

Und der kleine Tiger nannte den kleinen
Bären einen liederlichen Lumpensack und
das ging so hin und her, bis sie sich
prügelten.

»Oh, ihr kümmerlichen Dummköpfe«, sagte
der Zeisig im Gras. »Da prügelt jeder von
euch seinen allerbesten Freund, und nur
wegen Geld. Morgen kommt der Beamte des
Königs, dann habt ihr gar nichts. Nicht
einmal mehr einen Freund. Oh, ihr Tölpel.«

In der Nacht haben sie sich wieder
vertragen, weil sie sich allein fürchteten.
Und als sie schliefen, kam der Räuber
Hablitzel und hat ihnen den Rest gestohlen.
He, du elender Räuber! Weißt du nicht, dass
der König jeden schützt, der bezahlt hat?
Da hat der Räuber Hablitzel laut gelacht.
Hat gesagt: »Der König? Beschützen? Der
schläft weit weg in seinem Bett. Wie soll er
da jemanden beschützen? Hahaha…«

Und ist im Wald auf Nimmerwiedersehen verschwunden.

Jetzt hatten der kleine Bär und der kleine Tiger wieder nichts.

»Warum gehst du so krumm, Tiger?«, fragte der kleine Bär.

»Ich bin so unglücklich, Bär.«

»Dann steig auf, ich trag dich ein Stückel.«

Dann trug der Tiger wieder den kleinen Bären und dann der kleine Bär wieder den kleinen Tiger. Kein Streit mehr und keine Prügel. Kein Korb, der von oben schwer auf die Schulter drückte, und kein Beamter des Königs, der ihnen die Hälfte wegnahm.

»Oh, Tiger, ist das Leben schön«, sagte der kleine Bär, wenn der kleine Tiger ihn trug. In der Nacht schliefen sie auf dem Feld, brauchten keinen Baum, um sich unter ihn zu legen, und der Räuber Hablitzel konnte ihnen gar nichts mehr stehlen.

Als sie nach Hause kamen, schlief dort der glückliche Maulwurf auf dem Sofa. Er hatte sich gestern vor dem Regen untergestellt.
»Bleib doch da, du«, sagte der kleine Tiger.
»Der Bär kann ja so gut kochen, dass wir vor Freude immer weinen müssen, ist echt wahr.«
Und der glückliche Maulwurf blieb.
Der kleine Bär kochte einen Blumenkohl aus dem Garten. Mit Kartoffeln und Salz.
»Morgen gibt es vielleicht Pilze«, sagte der kleine Tiger, »freut ihr euch schon?«

»Oh, ja«, rief der kleine Bär. »Und wenn
du keine findest, dann fange ich einen Fisch.
Und wenn ich keinen fange, dann gibt es
Blumenkohl.«

Weil am nächsten Tag die Sonne so schön
schien, ging der kleine Tiger keine Pilze
sammeln. Der kleine Bär wollte keinen Fisch
fangen, da gab es Blumenkohl mit Kartoffeln
und Salz.

»Horcht doch mal!«, sagte der glückliche
Maulwurf. »Der Zaunkönig singt. Schön,
was?«

Und sie lauschten dem Gesang, die Sonne
flimmerte über die Wiese.

Die Bienen summten und der Blumenkohl
hatte so gut geschmeckt. Hmmm… Oh, was
war das für ein Glück. Echt wahr.

Post
für den Tiger

*Die Geschichte,
wie der kleine Bär und der kleine Tiger
die Briefpost, die Luftpost
und das Telefon erfinden*

Einmal, als der kleine Bär wieder
zum Fluss angeln ging, sagte der kleine
Tiger:

»Immer, wenn du weg bist, bin ich
so einsam. Schreib mir doch mal einen
Brief aus der Ferne, damit ich mich
freue, ja!«
»Ist gut«, sagte der kleine Bär und
nahm gleich blaue Tinte in einer Flasche
mit, eine Kanarienvogelfeder, denn
damit kann man gut schreiben.

Und Briefpapier und einen Umschlag
zum Verkleben.

Unten am Fluss hängte er zuerst
einen Wurm an den Haken und dann
die Angel in das Wasser.
Dann nahm er die Feder und schrieb
mit der Tinte auf das Papier einen Brief:

»Lieber Tiger!
Teile dir mit, dass es mir gut geht,
wie geht es dir? Schäle inzwischen die
Zwiebeln und koch Kartoffeln,

107

denn es gibt vielleicht Fisch.
Es küsst dich dein Freund Bär.«

Dann steckte er den Brief in den
Umschlag und verklebte ihn.
Er fing noch zwei Fische: einen zur
Speisung und einen, damit er ihm das
Leben schenken konnte. Damit er sich
darüber freut; denn Freude ist für
jeden schön.

Abends nahm er den Fisch und
den Eimer, die Tinte und die
Feder und auch gleich den Brief mit und
ging nach Haus.

Halt, Bär, du hättest beinahe die
Angel vergessen!

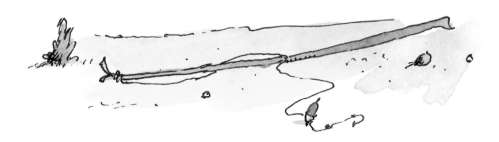

»O ja, schönen Dank«, sagt der kleine
Bär.
Er rief schon aus der Ferne vom kleinen
Berg herunter:
»Po-st-für-den-Ti-ger!
Po-st-für-den-Ti-ger!«

Aber der kleine Tiger hörte ihn nicht,
weil er hinter dem Haus lag.

Hatte keine Zwiebeln geschält und keine
Kartoffeln gekocht.
Hatte die Stube nicht gefegt und auch
die Blumen nicht gegossen.
Hatte zu nichts Lust gehabt, weil er wieder
so einsam war.

Und jetzt wollte er keinen Brief mehr.

Denn jetzt war der kleine Bär
sowieso und persönlich und selbst
zu Haus.

In der Nacht weckte der kleine Tiger
den kleinen Bären und sagte:
»Ich muss dir schnell noch etwas sagen,
ehe du einschläfst. Könntest du mir
morgen den Brief etwas eher schicken?
Vielleicht durch einen schnellen
Boten?«
»Ist gut«, sagte der kleine Bär und
nahm am nächsten Tag wieder alles
mit. Die Tinte, die Feder, das Papier,
den Umschlag.

Aber auch eine Briefmarke.

Am Fluss hängte er wieder den
Wurm an die Angel und die Angel in
den Fluss.
Dann schrieb er:

»Lieber Freund Tiger.
Mach alles so, wie ich es dir gestern
schon schrieb.
Hoffentlich geht es dir gut.
Schnelle Grüße und heiße Küsse.
Dein Freund Bär.«

Da kam die elegante Gans vorbei.

»Ob Sie einen Brief mitnehmen könnten,
bitte? An meinen Freund, den Tiger
im Haus.«
»Tut mir Leid«, sagte die elegante
Gans. »Hab's eilig, muss auf eine
Beerdigung.«

Dann kam der dicke Fisch vorbei.

»Ob Sie einen Brief mitnehmen
könnten an mei…«, da war der Fisch
schon weg.
Fische sind blitzschnell.
Und vielleicht auch schwerhörig.

Und dann kam die flinke Maus
gelaufen.
Wollte den Brief nehmen.
Aber da kam so ein kleiner, blauer
Wind, nahm den Brief wie ein Segel
und wehte beinahe alles davon.

Dann kam der Fuchs vorbei.

»Ob Sie einen Brief mitnehmen könnten,
Herr Fuchs?«, fragte der kleine Bär.
»An den Tiger im Haus?«

»Tiger im Haus?«, sagte der Fuchs.
»Nein, tut mir Leid, hab' keine Zeit. Ich
muss mit der eleganten Gans auf
ihre Beerdigung gehen.«

Ach, wie kurz ist doch das Leben, kleine
Gans!

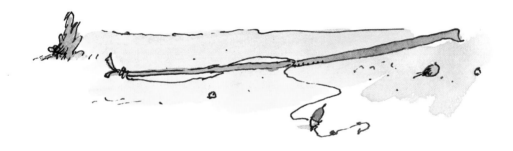

Dann kam der Elefant im Boot.

»He!«, rief der kleine Bär, »hören Sie mal
her!«
Aber der Elefant schlief wohl, denn er
bewegte sich nicht.

Auch der Esel mit dem Rucksack wollte
den Brief nicht mitnehmen.
Und auch der kleine Mann mit der langen
Nase nicht.

Aber dann kam der Hase mit den schnellen
Schuhen.
»Geben Sie her, Herr Bär!
Ist der Brief im Kuvert? Ist eine
Briefmarke drauf?«
Und jetzt, Hase, lauf!
Der Hase rannte, so schnell ihn seine
Schuhe trugen, hastduihnnichtgesehn
zum Tiger nach Haus.

Der kleine Tiger hatte heute wieder zu
nichts Lust gehabt. Hatte keine
Zwiebeln geschält und keine Kartoffeln
gekocht. Keine Stube gefegt und
nicht einmal Feuer im Ofen gemacht.

»Post für den Tiger!«, rief der schnelle
Hase und der Tiger sprang auf und
rief:
»Wo wie was für wen und von wem?«
»Für den Tiger«, sagte der Hase.
»Oh, der Tiger bin ich selbst, geben
Sie her!«
Er tanzte vor Freude auf dem Tisch,
auf dem Stuhl, auf dem Bett, auf dem
Sofa.
Las den Brief von vorn bis hinten
und von hinten bis vorn.

Hatte jetzt wieder zu allem Lust und
schälte die Zwiebeln, kochte Kartoffeln.
Fegte die Stube und das Leben war
schön.
Er machte ein heißes Feuer im Ofen und
holte Petersilie im Garten für den guten
Fisch zum Abendbrot.

Und als der Bär nach Hause kam,
machten sie sich einen gemütlichen
Abend, aßen Fisch mit heißen
Kartoffeln und tranken Gänsewein aus
dem Brunnen.
Und nach dem guten Essen
veranstalteten sie einen kleinen
Budenzauber mit Geigenrabatz und
Tanzvergnügen. Einer spielte die
Kochlöffelgeige und der Tiger strich
den Besenstielbass.

Als der glückliche Maulwurf in der
Ferne die schöne Musik hörte, kam er
sofort zu Besuch.

Und tanzte auf dem Tisch mit
seinem Spazierstock einen verliebten
Schlummerlichtwalzer.

»Heut' ist der schönste Tag meines
Lebens«, rief der kleine Tiger.
Und das war nicht gelogen.

In der Nacht weckte der kleine Tiger
den kleinen Bären und sagte:
»Ehe du einschläfst, wollte ich dir
schnell bloß sagen: Morgen darfst *du*
dir Post wünschen. Damit du dich
auch mal freuen kannst.
Einmal ich und einmal du. Gute
Nacht noch.«

Am nächsten Tag nahm der kleine Tiger
den Korb für die Pilze, die blaue
Tinte in der Flasche, die Feder und
das Briefpapier und ging in den Wald.

Heute schrieb *er* einen Brief an den kleinen
Bären:

»Geliebter Freund und Bär!
Ich schreibe dir hiermit einen Brief, dass
du dich freust.
Hoffentlich sehen wir uns bald. Heute
Abend gibt es Pilze in Butter geschmort.

Ich sehe sie hier nebenan schon
wachsen.
Mit Herzkuss dein geliebter Freund
Tiger. Warte auf mich.«

Und so ging das jetzt jeden Tag.
Einmal schrieb der kleine Bär an den
kleinen Tiger und dann wieder umgekehrt.
Und der schnelle Hase war der
Briefträger.

Einmal in der Nacht weckte der kleine
Tiger den kleinen Bären und sagte:
»Wir könnten doch auch einmal einen
Brief an unsere Tante Gans schreiben.
Damit sie sich auch mal freut, ja?«
Also schrieben sie gleich am nächsten
Tag einen Brief an ihre Tante Gans.
Schöne Grüße, alles Gute und wie es ihr
gehe.

Dann schrieb die Gans an ihren Vetter
Igel.
Der Igel an den kleinen Mann mit der
langen Nase.

Der Elefant wollte an seine Frau nach
Afrika schreiben.
»Nach Afrika«, sagte der schnelle
Hase, »kann ich nicht laufen. Das wäre
Luftpost. Den befördert die
Brieftaube hinüber.«

Und weil jetzt jeder mal einen Brief
schreiben wollte, konnte der schnelle
Hase die Arbeit allein nicht bewältigen
und er stellte die anderen Hasen aus
dem Wald als Briefträger ein.
»Ihr müsst«, sagte er, »schnell und
schweigsam sein. Dürft die Briefe nicht
lesen und das, was darin steht,
niemandem erzählen. Alles klar?«
»Alles klar«, riefen die Hasen mit den
schnellen Schuhen und alles war klar.

Dann wurden Kästen für die Briefe an
alle Bäume gehängt, damit die Hasen
sie nicht mehr bei jedem abholen mussten.
Und gelb gestrichen.

Einmal sagte der kleine Tiger:
»Aber wenn du im Wohnzimmer bist,
ist es mir in der Küche auch so einsam,
Bär.«
Da legten sie einen Gartenschlauch von
hier nach dort. – Haustelefon.
»Hören Sie mich, hallo, hören Sie mich,
wer spricht dort?«

»Hier spricht der Herr Bär, ich verstehe
Sie deutlich.«
»Wir könnten doch«, sagte der kleine
Tiger, »auch ein Telefon durch den Fluss
legen, dann brauche ich nicht immer
so schwer zu schreiben.«
Und das taten sie auch.
Unterwasserkabel.

»Und wenn wir so ein Telefon unter der Erde hätten«, sagte der kleine Tiger, »könnten wir durch den ganzen Wald bis zu unserer Tante Gans telefonieren.«

Da gruben die Maulwürfe ein unterirdisches Kabel-Telefon-Unterhaltungsnetz. Von hier nach dort und von dort nach da, kreuz und quer.

»Hallo, Tante Gans, hier spricht dein kleiner Tiger.
Kannst du mich hören, Tante Gans?
Ja, ich bin hier, der Ti-ger mit dem kleinen Tigerschwänzchen hinten, dein Neffe.«
»Und ich der Bär«, rief der Bär, »sag, ich bin auch hier, Tiger!«

Der Elefant telefonierte mit der Zentrale.
»Hier Zentrale. Hier Zentrale. Nach
Afrika? Nein, leider keine Verbindung
nach Afrika möglich. Ende.«
»Nicht so schlimm«, sagte der Elefant,
»dann schreib ich per Luftpost.«

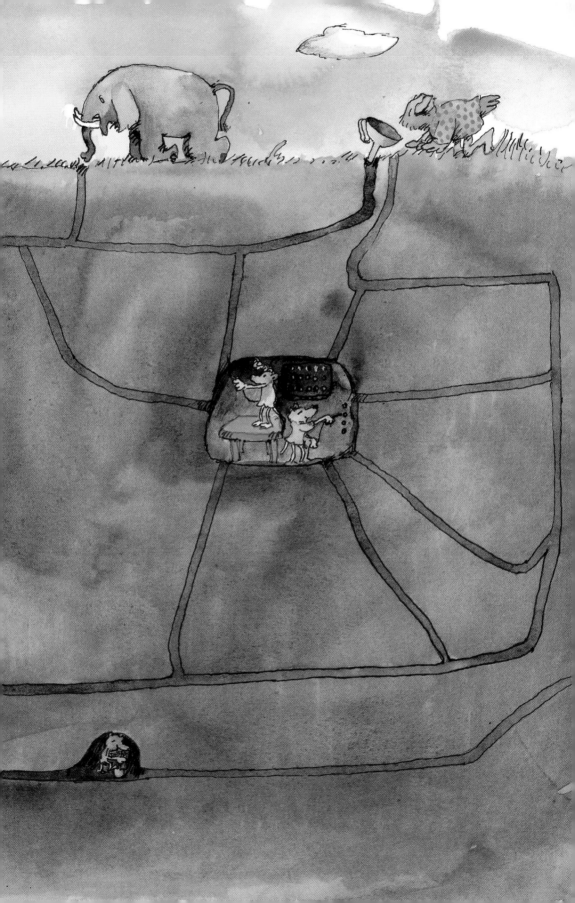

Und jetzt konnte hier jeder im Wald und
am Fluss an jeden einen Brief schreiben
und wenn er wollte, mit seiner
Freundin in der Ferne reden.
War das nicht fabelhaft?

»O Bär«, sagte der Tiger, »ist das Leben
nicht unheimlich schön, sag!«
»Ja«, sagte der kleine Bär, »ganz
unheimlich und schön.«

Und da hatten sie verdammt ziemlich
Recht.

Ich mach dich gesund, sagte der Bär

Die Geschichte,
wie der kleine Tiger
einmal krank war

Einmal kam der kleine Tiger aus
dem Wald gehumpelt, konnte nicht
mehr gehen, nicht mehr stehen und
fiel um.
Legte sich unterwegs, mitten auf der
Wiese, einfach auf die Erde.

Sofort kam der kleine Bär gelaufen und rief:

»Was ist, Tiger, bist du krank?«

»Oh ja, ich bin so krank«, rief der kleine Tiger, »ich kann fast nichts mehr bewegen.«

»Halb so schlimm«, sagte der kleine Bär, »*ich mach dich gesund.*«

Der kleine Tiger hatte keine Pilze gesammelt, hatte dem kleinen Bären keinen Brief von unterwegs geschrieben und hat nicht einmal die Tiger-Ente gezogen.

»Wo tut es dir ungefähr weh?«, fragte der kleine Bär, »zeig mal!«

»Hier«, sagte der kleine Tiger und zeigte zuerst auf die Pfote.

»Und dann hier die andere Pfote. An den Beinen auch, und vorn und hinten und rechts und links und oben und unten.«

»Überall?«, fragte der kleine Bär, »dann
muss ich dich tragen.«
Und er trug ihn nach Haus.
»Du musst mich aber verbinden«, rief
der kleine Tiger.

»Jawohl, ganz klar«, sagte der kleine Bär,
und zu Haus legte er den kleinen Tiger
auf den Tisch wie beim richtigen Arzt.
»Erst die Pfote«, sagte der kleine Tiger,
und der kleine Bär verband ihm zuerst
die Pfote.
Die *eine* Pfote.
Dann die andere.
»Jetzt die Beine«, sagte der kleine Tiger.
Und der kleine Bär verband ihm die
Beine.
»Wo noch?«
»Den Rücken«, sagte der kleine Tiger.
Aber wenn man den Rücken verbindet,
verbindet man auch die Brust.
Also verband der kleine Bär den Rücken
und die Brust ganz rundherum. Und weil
die Binde noch nicht zu Ende war,
verband er den ganzen kleinen Tiger
von oben bis unten.
»Den Kopf nicht«, sagte der kleine
Tiger, »denn vielleicht muss ich etwas
husten.«

Als der kleine Tiger verbunden war,
ging es ihm schon ein wenig besser.
Aber dann ging es ihm wieder ein wenig
schlechter, denn er hatte Hunger.
»Ich koch dir etwas Dolles«, sagte der
kleine Bär, »sag mir doch mal deine
Leibspeise!«
»Springforelle mit Mandelkernsoße,
Kartöffelchen und Semmelbröseln.«
»Haben wir nicht«, sagte der kleine Bär,
»sag etwas anderes.«
»Eiernudeln mit Mandelkernsoße und
Semmelbröseln«, sagte der kleine Tiger.
»Haben wir auch nicht«, sagte der kleine
Bär, »sag noch etwas anderes.«
»Semmelbrösel«, sagte der kleine Tiger,
aber die hatten sie auch nicht.
»Sag doch mal: *Bouillon*!«, sagte der
kleine Bär.

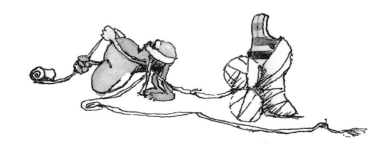

»Ja, *Bouillon*«, rief der kleine Tiger,
»das wollte ich haargenau sagen.«
»Und kleine Himbeeren aus dem Garten
als Nachspeise«, sagte der kleine Bär.
Und dann kochte er für den kleinen
Tiger eine fabelhafte Bouillon mit
Kartoffeln und Mohrrüben aus dem
Garten.

Etwas Petersilie dazu, und oben
schwammen ein paar Fettäuglein,
und als der kleine Tiger gespeist hatte,
ging es ihm schon wieder ein wenig
besser.
Aber dann ging es ihm wieder ein wenig
schlechter, denn er wollte gemütlich
schlafen.
»Im Bett«, sagte der kleine Bär.
»Auf dem guten Sofa mit den weichen
Kissen«, sagte der kleine Tiger, »aber
oben zugedeckt mit der Leopardendecke.«
Da legte der kleine Bär den kleinen
Tiger auf das schöne gemütliche Sofa
mit den weichen Kissen und deckte ihn mit
der Leopardendecke zu.
Und der kleine Tiger schlief ein
Weilchen.
Als er aufwachte, ging es ihm schon
wieder ein wenig besser.
Aber dann ging es ihm wieder ein wenig
schlechter, denn er wünschte sich
Besuch.

Der kleine Bär ging in den Garten und
telefonierte durch das Gartenschlauchtelefon unterirdisch über die
Maulwurfsgangzentrale mit der
Tante Gans.

»Hallo, wer spricht dort? Die Tante Gans?«
»Jawohl, hier Gans. Ich kann Sie sehr
gut hören. Wer spricht bitte?«
»Bär. Hier spricht der kleine Bär.
Der Tiger ist krank, aber ich mach ihn
gesund …«
»Welcher Tiger bitte?«, fragte die
Tante Gans.

»Na *unser* Tiger!«, rief der Bär.
»Oh, dann komme ich sofort vorbei ...«

Und hastdusienichtgesehen war die
Tante Gans auch schon da. War ein
kleines Stück über das Feld geflogen,
dann durch den Fluss geschwommen
und die letzten elf Meter zu Fuß vom
Fluss bis ins Haus gewatschelt.
»Ich habe ihm Gänsewein mitgebracht«,
sagte die Tante Gans, »das hilft gegen
alles und kann niemals schaden.«
Als der kleine Tiger von dem Gänsewein
ein Gläschen getrunken hatte,
ging es ihm schon wieder ein wenig
besser.
Aber dann ging es ihm wieder ein wenig
schlechter, denn er wünschte sich
etwas mehr Besuch.

Der Hase mit den schnellen Schuhen
kam und rief:
»Oh, der kleine Tiger ist krank!

Der Maulwurf hat das erzählt.
Was fehlt ihm denn?«
»Was fehlt dir denn, Tiger?«, fragte
der kleine Bär.
»Das weiß ich nicht«, sagte der kleine Tiger.
»Das wissen wir nicht«, sagte der kleine Bär.
»Dann muss er untersucht werden«, sagte
der Hase mit den schnellen Schuhen.
»Dann musst du untersucht werden,
Tiger«, sagte der kleine Bär.
»Vom Doktor Brausefrosch«, sagte der
Hase mit den schnellen Schuhen.
»Vom Doktor Brausefrosch, Tiger«,
sagte der kleine Bär.
»Im Krankenhaus für Tiere«, sagte
der Hase mit den schnellen Schuhen.
»Im Krankenhaus für Tiere, Tiger«,
sagte der kleine Bär.
»Morgen?«, fragte der kleine Tiger.
»Morgen«, sagten der kleine Bär und
der Hase mit den schnellen Schuhen
und die Tante Gans.
Da ging es dem kleinen Tiger schon wieder
ein wenig besser, denn im Krankenhaus
für Tiere ist es schön.

In der Nacht schlief der kleine Bär
beim kleinen Tiger, denn das macht
gesund.

Am nächsten Tag ging es dem kleinen
Tiger wieder ein wenig besser und
der Verband konnte weg.

Aber dann ging es ihm wieder ein wenig
schlechter, denn er wollte schon bald
in das Krankenhaus für Tiere.
Da kamen der starke Wolf und der starke
Ziegenbock mit einer Tragbahre, denn
wer krank ist, der darf sich tragen lassen.
»Vorsichtig«, sagte der kleine Bär,
»tragen Sie ihn vorsichtig und lassen
Sie ihn nicht fallen, er ist mein
Freund.«
Aber dann trug er ihn zuerst lieber selbst.
Und die Leopardendecke musste unbedingt
auch mit. Die Tante Gans hat sie geholt.
Sie waren noch nicht weit gegangen,
da trafen sie den guten, riesengrauen
Elefanten.
»Wo geht's denn hin, ihr Leute?«,
fragte er.
»Krankenhaus für Tiere«, sagte der kleine
Bär. »Der Tiger ist krank, wir machen
ihn gesund.«
»Da muss ich ein kleines Stück
mitkommen«, sagte der gute, riesengraue
Elefant, »vielleicht kann man mich
brauchen.«

Dann trafen sie die gelbe Ente
und den Hasen vom Wald, eine Maus,
einen Fuchs, den Hund, den Igel und
den Wanderesel mit dem Rucksack,
und sie gingen alle mit.

»Ist es noch weit?«, fragte der kleine
Tiger.
»Achthundert Meter ungefähr haargenau.
Luftlinie«, sagte der starke Wolf,
»man kann's schon sehen.«
»Wo denn?«, fragte der kleine Tiger.
»Da unten«, sagte der starke Wolf.
»Seh nix«, sagte der kleine Tiger.

»Weiter links mit den Augen«, sagte
der starke Wolf, und da sah es der kleine
Tiger auch.
Also alles in Ordnung.
»Lasst bloß den Tiger nicht fallen!«,
rief der kleine Bär, »er ist doch krank.«
Sie trugen ihn vorsichtig, vorsichtig in das
Krankenhaus für Tiere.
Erst durch die große Tür und dann
durch einen langen Gang.

»Zimmer Numero fünf«, sagte
Schwester Luzie. Schwester Luzie war
eine gute Ente.
In Zimmer Numero fünf lag auch der
Fuchs. Pfote gebrochen.
Er sagte, er habe mit dem Löwen gekämpft
und habe ihn besiegt.
War aber gelogen. Hatte Hühner stehlen
wollen, hatte sich die Pfote in der
Tür eingeklemmt.

Pfote gebrochen, Krankenhaus, Gipsverband,
Sense aus.

»Im Krankenhaus«, sagte Schwester Luzie,
»bekommt jeder ein sauberes Nachthemd.«
Anprobiert – passt genau.

»Und dann«, sagte Schwester Luzie,
»wird hier jeder gebadet, damit er gut
riecht.«
»Hier«, sagte der kleine Bär, »nehmen
Sie die wohlriechende Rosenblattseife.«

Und dann wurde der kleine Tiger
untersucht.

»Tief einatmen«, sagte Doktor
Brausefrosch.

»Hh«, machte der kleine Tiger.

»Tiefer«, sagte Doktor Brausefrosch.

»Hhhh h«, atmete der kleine Tiger.

»Noch tiefer«, sagte Doktor Brausefrosch.

»Hhhhhhhhhhhh h.«

»Gut so«, sagte Doktor Brausefrosch
und horchte erst vorn am kleinen
Tiger und dann hinten. Und dann war
die Untersuchung beendet.

»Ich verordne«, sagte Doktor Brausefrosch, »für den Herrn Tiger dreimal
pro Tag allerbeste Leibspeise mit
Lieblingskompott. Was wünschen Sie zu
speisen, Herr Tiger?«

»Springforelle mit Mandelkernsoße
und Semmelbröseln«, rief der kleine Tiger.

»Genehmigt«, sagte Doktor Brausefrosch,
»und für den kleinen Bären das gleiche,
selbstverständlich.«
Und sofort ging es dem kleinen Tiger
schon wieder ein wenig besser.

Nächste Untersuchung: Röntgen.

»Was ist denn Röntgen?«, fragte der
kleine Bär.

»Durchleuchten«, sagte Doktor Walterfrosch, der Röntgenarzt.

»Was ist denn Durchleuchten?«, fragte der
kleine Bär.

»Durchleuchten ist, wenn der kleine Tiger
hier in den Kasten geht und von hinten
mit Licht beleuchtet wird. Das Licht
leuchtet durch ihn durch und vorn bin ich.
Ich sehe durch den kleinen Tiger durch,
was ihm fehlt. – Aha! Ein Streifen
verrutscht«, rief Doktor Walterfrosch.
Und jetzt wissen wir, was dem kleinen
Tiger fehlt, und zwar: Streifen verrutscht.

»Halb so schlimm«, sagte Doktor
Walterfrosch.

»Kleine Operation, Tiger geheilt.«

»Was ist denn eine Operation?«, fragte der
kleine Bär.

»Eine Operation ist, wenn der kleine Tiger
eine wohltuende Spritze bekommt, dann
schläft und einen schönen blauen Traum hat.
Wacht auf, Operation vorbei, Tiger geheilt.«

Aber zuerst wurde der Fuchs ein wenig
operiert.
»So eine Spritze ist nix für kleine Tiere«,
spielte sich der Fuchs auf. »Denn
da braucht man starke Nerven. Das piekt.«
»Piekt«, rief der kleine Bär, »piekt? Uns
piekt nichts, Herr Fuchs.

Ein Tiger ist ein Tiger, und ein Bär ist ein
Bär.«
Kleine Spritze für den Fuchs, blauer
Traum, Operation vorbei, nix gemerkt,
Pfote gerade.

Dann kam der kleine Tiger dran.
Wohltuende kleine Spritze, blauer
Traum, Operation vorbei, nix gemerkt,
Tiger gesund.

»Übermorgen«, sagte Doktor
Brausefrosch, »können Sie nach Hause,
Herr Tiger.
Total komplett gesund geheilt, ich wünsche
noch eine gute Nacht. Jawohl.«

Und am nächsten Tag kam noch
viel Besuch.
Die Tante Gans brachte eine Flasche
Gänsewein und sagte:
»Wenn Du nach Hause kommst, back
ich dir Kuchen.«
»Bienenstichkuchen?«, rief der kleine Tiger,
und er bekam so ein Heimwehflimmern
auf der Zunge.
Die gelbe Harmonikaente spielte ihm
ein Walzerlied, und der Plüschpfotenhase
hat ihm zwei Pilze aus dem Wald
mitgebracht.

Und als sie abends schlafen gingen,
sagte der kleine Bär:
»Wenn wir nach Hause kommen, koche ich
dir deine Leibspeise, Tiger.«
»Oh«, rief der kleine Tiger, »ich weiß
schon was …«,
und dann schlief er ein.

Am nächsten Tag kamen alle und
holten den kleinen Tiger ab.
Mit Pauken und Trompeten.
»Wie weit noch?«, fragte der kleine
Tiger, Heimweh bis zum Hals.
»Achthundert Meter ungefähr genau«,
sagte der riesengraue Elefant,
»Luftlinie.«

»Und jetzt wünsch dir mal deine
Leibspeise«, sagte der kleine Bär
zu Haus, »ich koche sie.«
»Springforellen mit Mandelkernsoße und
Semmelbröseln«, rief der kleine Tiger.
»Eine andere«, sagte der kleine Bär.
»Eiernudeln mit Mandelkernsoße und
Semmelbröseln«, sagte der kleine Tiger.
»Noch anders«, sagte der kleine Bär,
»sag doch mal: *Bouillon*.«
»Oh ja!«, rief der kleine Tiger.
»*Das* wollte ich sagen.«
Und das gab es dann auch.
Mit Fettäuglein, Petersilie und
Mohrrübelchen aus dem Garten.
»Aber nächstes Jahr«, sagte der kleine
Bär, »da darf *ich* einmal krank sein
und *du* machst mich gesund, ja?«
»Ganz klar«, sagte der kleine Tiger,
»selbstverständlich ja.«
Und dann schliefen sie ein.
Und schliefen bis zum nächsten Tag.

Guten Tag, kleines Schweinchen

*Die Geschichte,
wie der kleine Tiger
eines Tages nicht mehr
nach Haus kam*

Einmal traf der kleine Tiger das kleine
Schweinchen und sagte:
»*Guten Tag*, kleines Schweinchen.«
»Wo gehst du denn hin, Tiger?«, fragte
das kleine Schweinchen.
»In den Wald Pilze holen«, sagte
der kleine Tiger,

»denn heute Abend gibt es geschmorte
Morchelpilze in pikanter Pfeffertunke.
Der Bär kocht.«
»Oh, in den Wald«, rief das kleine
Schweinchen, »ungefähr genau dorthin
wollte ich auch. Darf ich mich denn
ein wenig anschließen?«
Und es lief neben dem kleinen Tiger her.
In den Wald.
Als sie im Wald waren, wollte der
kleine Tiger anfangen, Pilze zu sammeln.
Da rief das kleine Schweinchen:
»Ach, lass uns doch erst ein wenig herum-
toben, hier ist es so schön unheimlich.
Huuuu…!«
Und es rannte davon, versteckte sich
hinter einem Baum und rief:
»Such-mich-jag-mich-fang-mich doch mal!«
Der kleine Tiger stellte den Korb
für die Pilze ins Gras

und rannte hinter dem kleinen Schweinchen
her, bis er es gefunden und gefangen hatte.

»Jetzt bist du dran«, rief das kleine
Schweinchen, »jetzt muss ich dich suchen-
fangen.«
Der kleine Tiger rannte davon, versteckte
sich, bis das kleine Schweinchen
ihn gefangen hatte.

Und so ging das immer hin und her.
Den ganzen lieben langen Tag.
»Wir können gut zusammen spielen, nicht
wahr, Tiger!«, sagte das kleine Schweinchen.
Der Tag war vorbei und keine Pilze im
Korb.

»Heute konnte ich keine Pilze bringen«,
sagte der kleine Tiger zu Haus, »denn

ich hatte keine Zeit. Zuerst traf ich
das kleine Schweinchen, und dann waren
wir im Wald. Im Wald mussten wir ein
wenig toben, aber dann war es schon
dunkel, und ich konnte die Pilze nicht mehr
sehen. Nicht gesehen – nicht gefunden.«
Da kochte der kleine Bär wieder Blumenkohl aus dem Garten, Bratkartoffeln von
gestern aufgewärmt und keine Zeit für die
Nachspeise. In der Nacht träumte der kleine
Tiger vom kleinen Schweinchen.
Am nächsten Tag war der kleine Bär an
der Reihe. Er sollte zwei kleine Fische
fangen, nahm die Angel und ging zum
Fluss. Der kleine Tiger sollte die Stube fegen,
im Garten Kartoffeln ausgraben,
Zwiebelchen schneiden und den Ofen
anheizen. Und dann schon mal die
Teller auf den Tisch stellen.
Er nahm den Besen in die Pfoten – aber da
kam das kleine Schweinchen vorbei und rief:
»Wer geht denn hier mit baa-den?«
»Ich-ich«, rief der kleine Tiger, »ich muss
nur schnell meine tolle Badehose
suchen.«

Das kleine Schweinchen konnte tauchen,
Kopf unter Wasser.
»Das ist Kunst«, rief der kleine Tiger,
»das kann keiner.«
Der kleine Tiger konnte aber einen
Kopfsprung.
Und bald war der Tag wieder vorbei.

»Wir können doch alles gut zusammen
machen«, sagte das kleine Schwein, »nicht
wahr, Tigerchen?«

Ausfegen vergessen, Zwiebelnschneiden
vergessen, Feueranmachen vergessen –
alles vergessen.
Und als der kleine Bär nach Hause kam,
zwei Fische gefangen hatte, musste er erst
die Stube fegen, dann Kartoffeln aus
dem Garten graben, Zwiebeln schneiden,
den Ofen anmachen.
Und die Teller zurechtstellen.
Dann den Fisch braten, die Kartoffeln
kochen, aber der kleine Tiger kam erst so
spät nach Haus, dass das Essen schon
kalt war.
»Ich konnte die Stube nicht fegen«,
sagte der kleine Tiger, »weil ich
keine Zeit hatte. Zuerst kam Besuch
und dann musste ich so lange meine
Badehose suchen, weil du sie nicht richtig
aufgeräumt hast. Ich kann einen
Kopfsprung.

Morgen geh ich wieder in den Wald
Pilze holen, aber du fegst die Stube.«
Und dann schlief er ein.
Am nächsten Tag nahm der kleine Tiger
den Korb, der kleine Bär nahm den Besen,
und der Tiger ging los.
Aber er machte unterwegs einen
kleinen Umweg,

damit er unbedingt beim kleinen
Schweinchen vorbeikommen musste.
»Wo gehst du denn hin, Tigerchen?«,
fragte das kleine Schwein.
»Vielleicht Pilze holen«, sagte der
Tiger.

»Ach, dann komm doch schnell ein wenig
herein, ich backe dir Kuchen.«

Während das kleine Schweinchen den
Teig machte, wälzte sich der kleine Tiger
auf dem schönen Bett herum.

»Schlabberteig«, rief das kleine
Schweinchen, »ist mein Leib- und
Magengericht«, und klatschte sich einen
Batzen in den Mund.
»Oh, Schlabberteig«, rief der kleine Tiger,
»möchte ich auch.«
Und so haben sie den Kuchen dann erst
gar nicht gebacken, haben den Teig
geschlabbert, und dann blieb nichts übrig.
Danach gab es eine Kissenschlacht.

»Wir können doch alles gut zusammen
machen, nicht wahr, Tigerchen?«, sagte das
kleine Schwein. Aber der kleine Tiger
schlief schon.

Am nächsten Tag schliefen sie bis um elf.
»Heute machen wir uns einen faulen Tag«,
rief das kleine Schweinchen.
»Keiner braucht sich unnötig zu bewegen
und zu arbeiten. Hol doch schon mal
ein Schlemmerfrühstück, wir bleiben
den ganzen Tag im Bett. Und nimm die
Milchkanne mit.«

»Welche Milchkanne?«, fragte der
kleine Tiger.
»Die rote.«
Der kleine Tiger holte Semmeln beim
Schafbock.

Und Wurst beim Fuchs.
Und Eier beim Huhn.

Milch bei der Kuh und Speck bei der Maus.
Hoffentlich war sie zu Haus.
Da in dem Loch.
Ja, die Maus war zu Haus.

Eine Stunde zu Fuß unterwegs,
da schmerzen die Beine.
»Schlemmerfrühstück gibt es immer
im Bett«, rief das kleine Schweinchen.
»Hol doch schon mal den Tisch!«
Der Tisch ist eine Kartoffelkiste.
Die Kartoffelkiste gehört dem Bauern.
Als die Kiste auf dem Bett stand,
hatte der kleine Tiger keinen Platz mehr.
»Das Wichtigste beim guten Essen ist
nicht, wo man sitzt«, sagte das
kleine Schweinchen, »sondern ob uns
die Speisen munden. Mundet es dir,
Tigerchen?«
»Was ist denn munden?«, fragte der
kleine Tiger.
»Gut schmecken.«
»Dann das ja.«
»Rate mal, was es zu Mittag gibt!«,
sagte das kleine Schweinchen,

»Spaghettinudeln mit Tomatenpampe.
Die gibt es bei der Ente. Und nimm die
Milchkanne mit.«

»Welche Milchkanne?«, fragte der kleine
Tiger. »Die rote.«

Spaghettinudeln ein Pfund in den Korb,
und Tomatenpampe in die Kanne bis
zum Rand voll.

Dann in den Topf das Wasser, den Topf auf
den Ofen. Die Nudeln in den Topf
mit dem Wasser und das Ganze gekocht.
Noch etwas Pfeffer und Salz in den
Tomatenpapp, und fertig ist das
Mittagessen.
Das alles machte der kleine Tiger.

So ging das jeden Tag, heute, morgen,
übermorgen. Der kleine Tiger holte Holz
und heizte den Ofen. Fegte die Stube
und besorgte neues Stroh für den
Schweinestall.
Kochte das Essen – und das kleine
Schweinchen blieb im Bett liegen.

»Wann hast du Geburtstag, Tigerchen?«,
fragte das kleine Schwein.

»Mittwoch.«

»Und ich im August«, rief das kleine
Schweinchen, »das passt gut zusammen.
Und was ist deine Lieblingsfarbe?«

»Gelb mit Streifen.«

»Gelb mit Strei-fen! Tiger! Und meine ist
Lila, das passt gut zusammen.«

War alles Quatsch, klar. Wir wissen das.

»Und deine Leibspeise? Meine ist
alles, was Matsch ist. Tomatenpapp,
Schlabberteig, Puddingpampe …«

»Meine Leibspeise ist Springforelle in
Mandelkernbuttersoße mit Semmelbröseln
und Petersilienkartoffeln …«

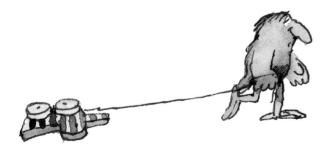

Als der kleine Tiger das sagte, fiel ihm
der kleine Bär wieder ein,

und er sprang von der Kiste, nahm seinen
Korb und rief noch:
»Dann ade, kleines Schweinchen …«

Und rannte hast-du-ihn-nicht-gesehen
in den Wald, holte schnell ein paar Pilze
und lief – wohl fast schneller,
als ihn die Beine trugen – nach Haus.

Aber der Bär war nicht mehr da.
Die Tür verschlossen, dicker Staub auf
der Schwelle, das Gras nicht gemäht
und die Petersilie verwildert.
Und auch das Dach ein wenig beschädigt.
DA BEFIEL DEN KLEINEN TIGER
EINE GROSSE ANGST.
Er rannte um das Haus, guckte in jedes
Fenster, suchte hinter den Büschen,
aber der kleine Bär war weg.
Er guckte in Höhlen und Mauselöcher –
aber überall war er nicht.

Er lief über die Felder und fragte den
Fuchs, den Löwen mit der blauen Hose,
den Hasen, die Gans mit Hut.

Aber sie hatten den kleinen Bären nicht
gesehen.
Der kleine Tiger dachte:
»Er könnte ja tot sein«, und lief,
solange ihn die Beine trugen,
dann fiel er um, legte sich ins Gras
und wollte sterben. Tot für ewig.
Keine Lust mehr zu leben, und eines Tages
würde der kleine Bär ihn hier vielleicht
finden und würde ihm ein Grabesdenkmal
aufstellen müssen.
Wenn der Bär nicht auch schon
genauso tot war.

Weil der kleine Tiger den kleinen Bären
nicht gefunden hatte, als er ihn suchte.
Augen zu und dann tot sein, aus.

Der kleine Bär aber hatte damals auf den
Tiger gewartet.

Hatte das Essen gekocht, die Stube
gefegt, aber der kleine Tiger war nicht
gekommen.

Da hatte der kleine Bär den Schlüssel
unter die Schaufel gelegt und einen Zettel
an die Tür gehängt:

Ging dich suchen. Bär.

Aber den Zettel hatte der Wind verweht,
und den Schlüssel hat der kleine Tiger
nicht gesucht.

Als der kleine Bär den kleinen Tiger lang,
lang gesucht hatte, kam er beim Fuchs
vorbei.

»Hast du den Tiger gesehen?«

»Ja«, sagte der Fuchs, »ging in diese
Richtung.«

»In welche Richtung?«, fragte der kleine
Bär.

»In diese«, sagte der Fuchs.
Und der kleine Bär lief in diese Richtung.
Und er fragte sie alle, die er traf
und die den Tiger gesehen hatten.

Als er beim kleinen Schweinchen
vorbeigekommen war und gefragt hatte:
»Hast du den Tiger gesehen?«, sagte es:
»Was für einen Tiger, welchen denn,
ich kenne keinen Tiger.«
War gelogen, klar. Wir wissen das.
Und es rief:
»Ach komm doch herein, Bär, ich back
dir einen Kuchen.«
»Nein, nein«, hatte der kleine Bär gesagt,
»ich muss den Tiger suchen. Der Tiger
ist mein Freund.«
Und er war weitergelaufen.
Den Tiger suchen.

Der Tiger indes war eingeschlafen und
dann wieder aufgewacht. Als er aufwachte,
hatte er Hunger und lief schnurgeradeaus
nach Haus.

Der kleine Bär aber ging den ganzen langen
Weg, den der kleine Tiger zuvor gegangen
war, und kam am Ende wieder zu Hause an.
Da stand der Korb mit den Pilzen, und der
Schlüssel lag noch unter der Schaufel.
Da fing der kleine Bär in der Eile zwei
Forellen im Fluss, bereitete ein Festmahl,
deckte den Tisch. Stellte auch Blumen auf.
Nachspeise nicht vergessen!
Und als der kleine Tiger nach Hause kam,
gab es zuerst einen großen Schmaus.
Dann gab es Rabatz mit Budenzauber,
Kochlöffelgeigengefiedel und Besenbass.
Kurzum, ab jetzt war in dem kleinen Haus
bei den Bäumen dort unten am Fluss
wieder alles wie zuvor. Der kleine Bär
ging zum Fluss Fische fangen,
und der kleine Tiger ging in den Wald
Pilze holen oder sollte die Stube
fegen und den Ofen anmachen. Zwiebelchen
schneiden und den Tisch decken.

»Ich kann jetzt auch Spaghettinudeln
kochen«, sagte der kleine Tiger, »mit
Tomatenpapp.«
Aber Tomatenpapp schmeckte hier keinem.

Einmal kam der Löwe mit der blauen Hose
sie besuchen. Er erzählte vom Räuber
Johnny Schnapsglas.
Er habe ihn noch persönlich gekannt zu
dessen Lebzeiten.
»Lebt leider nicht mehr«, sagte der Löwe.
»Hat die armen Leute bestohlen. Da musste
ich ihn fressen. Ordnung muss sein, klar.«

»Klar«, sagte der kleine Tiger, »aber *wir*
würden uns vor nichts zu fürchten brauchen.

Bei uns ist doch alles in Ordnung, nicht
wahr, Bär?«
»Mhm«, sagte der kleine Bär.
Und da hatte er Recht.

Riesenparty
für den Tiger

Die Geschichte,
wie der kleine Tiger
einmal Geburtstag
hatte

Einmal sagte der kleine Tiger zum
kleinen Bären:
»Jetzt habe ich einmal Geburtstag
und wir feiern eine Party.«
»Oh, eine Party!«, rief der kleine Bär,
»da bin ich aber hochbegeistert.«

Und er holte die Angel aus dem Fluss,
nahm den Wurm vom Haken und
schenkte ihm das Leben.
Günter Kastenfrosch quakte:
»Eine Party, habt ihr gesagt?
Das aber nicht ohne mich.«
Und er holte die Tigerente in seinen Kasten.
Der kleine Bär ruderte das Boot an Land.
Am Ufer war die musikalische Ente und
wusch ihre Harmonika.
»Wo lauft ihr denn hin, Jungs?«, fragte die
Ente.
»Riesenparty beim Tiger, er sagt, er hat
Geburtstag«, quakte Günter Kastenfrosch,
und schon waren sie weitergelaufen.

»Keine Party ohne Musik«,
rief die Ente,
quetschte das Wasser aus der Harmonika
und rannte hinterdrein.
Zu Haus sagte der kleine Tiger:
»Ihr könnt bei uns übernachten,
bis die Party beginnt.«
Der kleine Bär bereitete
eine freundliche Mahlzeit,
Kartöffelchen mit Buttermilch,
Salat mit Schnittlauch,
zum Nachtisch Himbeermilchgötterspeise
für die einen
und geröstete Mückchen mit Puderzucker
für den anderen.

Der andere ist Günter Kastenfrosch.
Ach, wie kitzelt es uns
auf der Zunge,
wenn wir von diesem Luxusschmaus
nur hören!

Dann schliefen sie auf dem famosen
Sofa ganz weich.
Unten der weiche Bär,
über ihm der weiche Tiger,
über dem die gepolsterte Ente
und zuoberst Günter Kastenfrosch.
Dann erst die Harmonika.
Nachts gegen vier Uhr wachte der kleine
Bär auf:
»*Was ist denn eine Party*, Tiger?
Sag doch mal!«
»Ringelpiez«, brummte der kleine Tiger
und schlief weiter.

»Schon verstanden«, sagte der kleine Bär
und schlief wieder ein.
Gegen sechs Uhr wachte der kleine Bär
noch einmal auf und sagte:
»Und was soll getrunken werden, Tiger?«
»Gänsewein«, sagte der kleine Tiger.

Also riefen sie sofort die Tante Gans an.
Gartenschlauchtelefon.
Durch den Trichter in den Schlauch
gesprochen. Schlauch in die Erde,
dort durch die Maulwurfstelefonzentrale.
»Hier Maulwurfstelefonzentrale PANAMA,
die Leitung ist frei, wen wünschen Sie zu
sprechen, Mister?«
»Tante Gans«, rief der kleine Bär ins Telefon.
»Wir verbinden. Bitte sprechen.«
Bei der Tante Gans kam der Gartenschlauch
aus der Erde, durch das Fenster, der
Trichter ist der Telefonhörer.

»Hier Tante Gans, wer dort? Bitte melden.«
»Hier Bär …«
»Welcher Bär? Großer dicker Waldbär
oder Doktor Thomas Bär,
welchen ich gut kenne?«
»Nein, nein«, rief der kleine Bär,
»der einfache Bär, *unser* Bär, *euer* Bär,
der *kleine* Bär …«
»Oh, der kleine Bär. Dann weiß ich Bescheid.
Wie geht es, habt ihr einen Fisch gefangen,
ist der kleine Tiger zu Haus,
und wie ist das Wetter?
Ich habe mein Nachthemd an,
denn ich schlafe noch. Macht nix …«
»Es gibt eine Party …«, rief der kleine Bär,
»der Tiger sagt, er hat Geburtstag …«
»Eine Party?«, rief die Tante Gans,
»dann bringe ich sofort einen Wagen
voll Gänsewein …«
Und schon war sie aus dem Bett,
schon hatte sie ihren Handwagen
mit Gänsewein beladen und halb lief
und halb flog sie mit den Flügeln
über die Felder.

Indes schrieb der kleine Bär eine Liste
mit allen, die eingeladen wurden.
»Kleines Schwein«, sagte der kleine Tiger.

»Förster Grimmel, großer dicker Waldbär,
Hase Baldrian, riesengrauer Elefant …«
Hundert Leute.
Schnell hundert Zettel geschrieben,

die Zettel in hundert Briefumschläge
gesteckt, hundert Adressen geschrieben,
hundert Briefmarken drauf.

Die Briefe in den Korb, den Korb in das
Boot, mit dem Boot über den Fluss. Die
Post in den Briefkasten. Verdammt viel
Arbeit für den kleinen Bären.

Unter der Erde aber, neben der Telefon-
leitung, hatte der glückliche Maulwurf seine
Bude, und der Quasselkasper aus Wasserburg war bei ihm zu Besuch.

Halb im Traum hatte der Quasselkasper
gehört, was der kleine Bär mit der Tante
Gans telefonierte.

»Eine Party, Maulwurf, beim kleinen Tiger«,
rief er.

»Da müssen wir sofort hin. Eine Party ist
meine Lieblingsbeschäftigung. Da kann ich
mit allen reden.«

Und schon war er aus dem Bett und zog
den Maulwurf hinter sich her.

Der Hase mit den schnellen Schuhen
hatte hinter dem Briefkasten geschlafen
und auf Post gewartet, ewiger Postdienst.
Briefkasten geleert, auf die Beine gemacht
und wie der Blitz die Briefe verteilt.
Einen für den Fuchs und die Gans.

Und dann kamen sie alle.
Von der einen Seite kam der Löwe
mit der blauen Hose und Kasper Mütze.
Das Huhn mit dem Ei
und die beiden Waldfrösche
Hinzi und Kunzi. Schnuddel und
Schnuddelpferdchen, der Mann
mit der langen Nase.
Der riesengraue Elefant.

Wer etwas zu trinken hatte, brachte
es mit.

Indes suchte der kleine Tiger alle Töpfe
im Haus zusammen, der kleine Bär
holte Kartoffeln vom Feld und dann wurde
eine Zwiebel-Gemüse-Kartoffelsuppe
gekocht.

Weil die Gäste essen müssen.
Weil Gäste immer Hunger haben.

Von der anderen Seite kamen die anderen
Gäste.
Oben der Kanari, unten der wilde Hund
mit seinen Gesellen, und viele, die wir
kennen.

»Ich habe meinen Schlafsack immer dabei«,
sagte der Reiseesel Mallorca. »Und Sie, Sir?«
»Brauch ich nicht«, knurrte der
große dicke Waldbär. »Wer ein Fell hat,
braucht keinen Schlafsack.«

Als Erster kam der Elefant herein,
brachte einen Korb mit Urwaldlimonade.

Dann die Tante Gans mit ihrem Handwagen,
der große dicke Waldbär, Förster Grimmel,
und eh sich's einer versah, war die Bude
knüppeldicke voll.

Der kleine Tiger spielte die Kochlöffelgeige,
doch der kleine Bär konnte nichts hören,
denn jemand saß auf seinen Ohren.

Die Tante Gans lud den großen dicken
Waldbären für den nächsten Sonntag
zum Kuchen ein.
Kasper Mütze pennte unterm Tisch,
und die wilden Hunde verschmatzten
die ganze Suppe allein.
Der Reiseesel Mallorca sagte zum Mann
mit der langen Nase:
»Ach, verreisen Sie doch einmal mit mir
nach Mallorca, mein Herr!
Wir nehmen zusammen ein Doppelzimmer,
dann spart sich jeder den halben
Preis.«

»Wie viel spart sich jeder?«, fragte der Mann
mit der langen Nase.
»Den halben Preis«, sagte der Reiseesel.
»Dann komme ich mit.«
So schnell finden wir auf einer Party einen
neuen Kameraden, der uns hilft, Geld
zu sparen.

Der Fuchs hatte sich in ein Gänslein
verliebt und klimperte ein Liebeslied.
Auch sie hatte sich in ihn verliebt,
verlor Herz, Kopf, Kragen und Leben.
Wie es auf einer Party so gehen kann.
*Nur Günter Kastenfrosch gefiel die Party
nicht so recht.* Er hing ohne Freude
irgendwo herum. Er wünschte sich
eine Party mit mehr Rabatz.
Eine fetzige Sause, fidelen Budenzauber,
wie die Frösche es nennen.

Da ging er in den Garten, zog den
Gartenschlauch durch die Hintertür
durch ein Astloch und drehte
den Wasserhahn auf.
Und ehe sich's einer versah,
war die Bude voll gelaufen, und zwar
mit Wasser.

Herrjemine, war das eine Freude
für die Gäste.

»Genau wie im Mittelmeer« , rief der
Reiseesel Mallorca.
»Man kann schwimmen.«
Und tanzen.
Und tauchen.
Die musikalische Ente und der kleine Tiger
spielten weiter zum Tanz auf.
Wer die Ohren über Wasser hatte,
konnte oben die Musik hören und unten
mit den Füßen tanzen. Wer sie nicht hörte,
konnte unter Wasser tun, was er wollte.
Der Quasselkasper erzählte dem Hasen
Baldrian:
»In Wasserburg … in Wasserburg
ist es genauso schön. Alles ist unter Wasser
oder über Wasser, je nachdem,
wo es sich befindet …«

Als Letzter kam Waldschmitt Ziegenbock,
im Frack.
Er hatte unterwegs getrödelt, auch ein wenig
geschlafen.
Acht Stunden Verspätung.

Als er nun klopfte und keiner öffnete,
machte er die Tür auf und das Wasser
strömte heraus wie ein Fluss.
Auf dem Fluss schwammen die Gäste
heraus, mussten nun nicht mehr zu Fuß
nach Hause gehen. Manche schwammen
bequem bis in ihre Wohnung,

manche mussten noch ein kleines Stück
selber gehen.

»Eine unvergessliche Party«, sagte der
Reiseesel Mallorca zu dem Mann mit der
langen Nase, »und ich habe meinen
Schlafsack gar nicht gebraucht.
Obendrein war alles sogar kostenlos, nicht
wahr, Mister?«

Der kleine Bär ging Möbel
und Töpfe einsammeln,
und die Tante Gans wusch
noch ein wenig das Geschirr ab.

Abends sagte der kleine Tiger:
»Jetzt weißt du, *was eine Party ist*, Bär.
Und einmal werde ich sagen: Nun hast
du aber Geburtstag, lieber Bär, und wir
müssen eine Party feiern …«
»Da bin ich hochbegeistert«, brummte der
kleine Bär und schlief schon lange.
Denn für ihn war dies ziemlich
viel Arbeit gewesen.

Also dann bis zur nächsten Party,
ihr Leute von Panama und anderswo.